Jean-Luc Saut

VERTIGES

Poésie

Editions Walou

Contacts :
editionswalou@sfr.fr

AMOUR-PROPRE

Mathieu marchait parmi les passants pressés et il réalisait en les frôlant :

A leur air soucieux et absorbé c'est évident que mes préoccupations sont bien minables face à celles dont ils gardent les magiques secrets.

En plus je sais bien que je ne suis vraiment rien sans eux, est-ce donc là tout ce que je suis en réalité ?

J'ai réussi, je ne sais grâce à quel jeu hasardeux, à leur faire regarder le miroir grossissant où me nargue mon image.

Détournés de leurs miroirs personnels ils ont découvert stupéfaits que mon image stupide valait bien la leur.

Tout est dans la présentation !

Ils m'ont cru admirable mais chacun au fond de lui, se jugeant au moins mon égal puisqu'il me reconnaissait, se hissait ainsi sur mes épaules bien plus haut que les autres.

C'est ainsi que l'équilibre n'est pas rompu !

Mais voilà; quand on comprend ça on s'en va ! Je suis donc parti du devant de la scène et, n'étant plus personne pour personne je ne suis quelqu'un que pour moi, simplement moi et je garde mes maigres secrets pour moi. Et c'est ce qui les rend magiques.

PAROLES DE PENDU

Il est mort et moi je suis là

En vie c'est vrai, pourquoi pas ?

Je le croyais plus cher que tout

Et maintenant il me rend fou.

Là, fou à boire et manger

Comme il aurait dû se contenter.

Et je me garde bien de comprendre

Puisque d'avoir compris l'a fait se pendre.

Depuis pourtant je cours après le soleil

Et si j'aime tellement de miel

Pour que l'on me croit devenu gourmand

C'est qu'au fond de ma gorge suinte un fiel

Des plus épais, noir écœurant

Envahissant jusqu'au soleil

Et tous ces mets délicats que l'on me tend

J'entends les ignorer profondément

Ne pouvant plus souffrir ce miel

J'entends vomir tout mon fiel

Et ne serai plus à boire et manger

Comme l'on peut se contenter

Et je souhaite qu'on m'entende pour me comprendre

Et qu'ayant compris, on ne se laisse plus se pendre.

LA NUIT

Etendu sur un tapis vert comme la prairie

Je regardais m'envelopper tendrement la nuit.

Elle s'avançait doucement comme un félin

M'invitant à rester jusqu'au matin.

Les yeux mi clos, je tirai une bouffée de fumée

qui m'enveloppe comme une femme aimée

Avant de s'envoler, gracieuse,

Par la lune attirée, voleuse.

Je jetai mon mégot à la brise

Il vole un instant et se brise

Mêlant aux étoiles ses éclats de feu

Et va s'éteindre, tué par mon jeu.

Plus rien ne peut plus me distraire

De l'interminable plainte de l'eau claire

Qui se tord, chute et se lamente

Au fil des terres et du temps qui la tourmentent.

Bercé un moment par sa complainte jamais achevée

Je songe longuement à tout ce qu'elle voudrait

m'expliquer.

Puis je me sens fatigué et avec une peine infinie,

J'ouvre les yeux sur tout ce qui est la vie

Et je regarde m'envelopper tendrement le jour

Et la nuit s'en aller, il me semble pour toujours.

APPEL SYLVESTRE

Chante encore demain, si je ne suis plus là, chante quand même pour moi.

Va, ne te laisse pas aller à pleurer, si je ne suis plus là c'est que beaucoup de bois et de forêts voulaient m'abriter, qui ne pouvaient rien contre toi.

Chante, tout bas si tu veux, en regardant les nuages dans les yeux tu y trouveras la clef que j'y ai cachée.

Malgré toi chante la joie et le feu qui pourrait te brûler, ne serre pas sa main tendue gracieusement.

Mais cours plutôt, pieds nus dans l'herbe blanche du matin, vers cette lointaine branche de sapin.

Tu voudrais la caresser. Vois, elle t'attend et je te tends la main.

LE TEMPS DE CHOISIR

Reviendra-t-il le temps où tu me disais suis-moi ?

Temps noyé de soleil où sur ton visage je lisais tant d'appels.

Lâcheté de mon bras esquivant tes grâces, de moi n'ayant pas su t'écouter !

T'écouter un instant, en un éclair jailli de cet instant tu m'aurais donné le jour.

Et le jour se levant se seraient réalisés les plus vieux rêves des hommes.

Ah ! Je n'écrirais pas à cette heure.

Serais-je roi, mendiant ou agonisant ?

Même agonisant, plus riche qu'un roi je t'aurais, liberté.

PHILTRE D'AMOUR

Quel est ce trouble qui me prend au ventre comme une envie de brûler ?

C'est à cause du vent qui siffle dehors, ou de cette suave chaleur me coulant dans le dos, pénétrant mon corps, et qui rend si lourds mes vêtements.

Et ce halo de mots bleus, de ma bouche s'échappant en danse enjôleuse, et ce filet de musique qui m'attire vers des gouffres sans fond et des sommets de vertige.

Cette liqueur prisonnière dont je délivre les éclairs de diamant, goulûment, du verre inhumain.

Trop c'est trop ! trop ! viens vite me guérir merveilleuse doctoresse !

Je te promets, une fois apaisé, tu reposeras tout contre moi, comme au temps où nous nous aimions.

LA VIE LA MORT

L'enivrante amertume qui se trouve au fond des pensées profondes, machine à faire des trous noirs dans la clarté des actions, à démesurer un geste qui devient aussi dense que le galop des taureaux sur un sable humide transpirant de peur sous la lune.
Sous la lune mouillée de vagues pareilles à des larmes nocturnes.
Q'est-ce donc que la vie ?
C'est cela ! Du moins c'en était le meilleur, la dérive de l'esprit quand il se libère de la peur de nous ressembler.
Et malgré le temps passé, ne rien toucher, dire ni faire car la déception serait immense.
C'est souhaiter la bienvenue à la paralysie

confortable qui rassure si bien. C'est trembler à l'idée d'une disette rédemptrice.

Qu'est-ce donc que la mort ? Question sans importance, c'est l'absence de la vie, c'est tout cela aussi.

MUSIQUE SERPENT

Maudite musique comme une poisse puante tu t'enroules à mon cou à m'étouffer.

Va-t-en avant que je ne te déchire, inhumaine qui t'imposes comme une drogue.

As-tu donc un cœur ? Pour rythmer ainsi l'amour et en submerger les malheureux qui t'écoutent, garde ton poison en tes sillons disque noir comme la nuit ou bien, ou bien, je crois, pitié ! Pitié ! Machine d'amour arrête ton charme qui m'entraîne, arrête ! J'en ai mal, mal comme l'on a mal quand on meurt. J'étouffe, j'éclate, vois comme tout est rouge, là ! Ah ! De mon sang —non, pire, de mon âme- qui s'échappe et me caresse les joues, sillonne mon corps en sueur, baigne mes pieds et voile mes yeux.

Là je suis sauvé ! Je t'en remercie, de ne plus t'entendre, emportée par les rouges méandres.

Hélas ! Te voilà qui me rejoins dans le silence même de ta nudité. Charmante sorcière qui m'attire et que j'aime tant.

Je t'aime encore quand m'envahit ta douce chaleur étouffant mes idées ! Et te veux garder avec le sommeil lumineux qui accompagne tes charmes et chasse mes peurs !

Et je t'aime encore et encore quand tu me dis c'est fini, que tu t'en vas et que je cherche un mur où me cogner la tête.

ERREUR

O non madame jamais

Vous ne pourrez cela pour moi

Vous ne sauriez imaginer

Quel était alors mon désarroi

Quand de vos yeux blasés

Vous m'avez oui je l'avoue

D'un regard mis à vos genoux

Alors d'un coup je vous détestai

Moi qui vous avais tant désirée

Désirée à en devenir fou

Fou au point d'aller vous ennuyer

Jusque dans votre infiniment vous

Peur d'échapper à vos yeux blasés

Et puis vos regards se firent tendres

Sur moi je mesurai toute ma défaite

Ne me dites plus que vous m'aimez

Vous vous trompez comme je le faisais.

L'ORIENT

Voyage que je n'imagine pas banal,

Que j'imagine le front haut et cuivré

Par un soleil oriental.

Car je pars toujours pour l'orient vrai

Et malgré les gares poussiéreuses

Et les voyageurs silencieux,

C'est l'orient que ces femmes rieuses

Et ces yeux que je rends heureux,

C'est l'orient cette gare ultime

Vers des amis plus ou moins intimes.

SOLITUDE

La mer m'a demandé par un langoureux soir d'été

De m'allonger sur le sable chaud de sa peau de

vierge.

Je l'ai trouvée si douce contre mes lèvres salées

Et sans plus comprendre si chaude contre ma verge.

Elle chuchotait sans arrêt ses émois de femme

A mon oreille et je lui parlais de l'amour

Que trop jeune enfant aux yeux de femme

Je n'avais connu jusqu'à ce jour.

Discrètement le soleil s'était retiré

Amante blonde la mer frissonnait dans mes mains

Son beau corps mouillé, sous mon ridicule poids

vibrait.

Sa chaleur enivrante, de mon ventre à ses seins

Nous mêlait dans un tourbillonnement épais

Où ses longs cheveux bouclés fouettaient mes reins

Aussi doucement que le front des anges ailés.

Et j'ai aimé ses yeux de lune et ses pieds d'airain.

Amoureux nous avons dormi, sa tête sur mon cœur.

Au réveil elle avait remis son grand manteau bleu

Et me souriait, ses yeux tout mouillés de bonheur.

Me chuchotant : quel beau rêve pour nous deux.

DECH

C'était au lendemain d'une nuit de dèche,

Je m'étais perdu dans les souks de l'ivresse,

C'était un matin froid à Marrakech

Où j'avais une sultane pour déesse.

Le soleil, trop près des hommes,

Etait blanc de colère

Et seuls ses amis les serpents,

Au son des flûtes berbères,

Dressaient vers lui leurs cranes luisants

En un froid ballet de chrome.

A mes questions figées des maures sans âge

Me noyaient dans leur âpre langage

Et bien avant que je ne m'enfuie

Riaient, largement édentés, de ma folie.

Jusqu'à la nuit j'ai erré entre les murs,

Dans la poussière de glue et la gorge éclatée,

Chassé de rires lourds et d'yeux durs

Sans qu'aucune femme n'ôte le voile sur sa bonté.

Et ce sont les chiens, compagnons de misère

Qui m'ont reconduit aux portes du désert.

USINE

Emmêlement gris de la grande bâtisse, votre charme scabreux n'apparaît que longtemps après s'y être arrêté. Quand nos fronts fatigués suintent comme vos murs gras une sueur noire d'ennuie.

Alors l'amertume enivrante de tes fumées nous ayant tout entier remplie, commence à s'épandre à travers nos paroles et voile le monde d'un noir vernis que nos yeux lassés ne tentent même plus de percer.

Tu fascines comme le serpent et grande est ta patience; mais ta proie, d'une espèce qu'on ne prend pas, telle Mithra aux cornes invincibles, un jour tu le sais, sur un coup de tête et dans le vacarme de ses sabots de feu te piétinant, continuera sans façon son chemin.

EPHEMERE

S'allonger avec elle un soir d'été

Sur la plage loin de toute jetée,

Etre heureux d'avoir la tête vide

Sur le sable et des jeux candides,

D'être ensemble enlacés

Et d'avoir ses sens apaisés,

Sans parler pour tout se dire

Ni s'en aller pour dormir.

Regarder le soleil plonger dans l'eau noire

En fumant des cigarettes au goût bizarre

Qui nous font chavirer dans leur fumée bleutée

Et danser le sable et l'eau comme deux fées.

Se sentir aspirés par une nuit d'ivoire

Sans rien faire et sans l'espoir

De remonter à la surface respirer

Jouir en glissant dans l'abîme insondé.

Et puis avec des sourires dans les yeux

Regarder le soleil sortir au matin bleu

Que déjà nous remontent des idées oubliées

Dans les effluves d'une nuit enchantée

Nous revoilà sur terre, étrangement heureux

D'un dernier baiser les yeux dans les yeux.

REPENTIR

Regarde lorsque le ciel est blanc les nuits d'orage.

Regarde en haut de la montagne inondée.

Il y a une main de Dieu tremblante de rage

Qui nous montre du doigt et toi terrorisé

Tu as peur de lire ton nom dans les éclairs

Ou d'affronter, géant les pieds dans la pluie, Jupiter

Qui, terrible et sombre roi de feu drapé d'ouragan,

Te lancerait ses flèches de fer rouge en tonnant.

Alors tu cours, affolé, les coudes sur les yeux

Vers, paix lamentable, un abri dérisoire

Dévalant pareil aux cailloux un chemin boueux

Assez ! reprends-toi et laisse se noyer ton espoir

Et la pluie laver ton visage brûlant de peur

Subis la colère des dieux avec honneur, sois des

leurs !

VOYAGE CHAMPETRE

Herbes folles, ivraies égarées des lointains sentiers où mes pieds se sont usés à ne fouler que ruines abritant grands corbeaux.

Je m'y nourris de châtaignes trouvées et dormis cent nuits en des lits d'orties.

Passant égaré, les serpents d'un autre monde me sifflaient comme une allumeuse et les cailloux du chemin m'accompagnaient un peu en souvenir de leurs derniers sabots roulés.

Et la nuit revenait inlassable, blême que de grands arbres crochus déchirent sa robe.

De grands arbres aux yeux de chouettes à surveiller mon départ dès l'aube neuve accouchée, où je m'envolais, humide de rosée, vers d'autres collines avec les vapeurs matinales.

Y EN A MARRE

Oui y en a marre

De ces amis de plus en plus rares

De ces copains qui se barrent

Et de ma tour qui s'écroule

Fragile quand je te regarde

Et cette jeunesse fuyant

Comme jamais auparavant

Et mes espoirs à la dérive

Que ton sourire ravive

Comme des tire d'ailes supersoniques

qui nous emmènent au paradis tu sais

De ce temple pharaonique

En ton jardin tu sais tu sais.

LA BONNE VOIE

Sombre et grise comme la poussière

Elle est la trace des fauves essoufflés

Qui halètent et boivent à la rivière

Avant de bondir sur un coup de sifflet

Vers on ne sait quel mystérieux repère

Nous traquant vers cette fatale destinée

Sans même le temps d'une prière

Aussi brève soit-elle à une femme aimée

On leur appartient d'une façon sans solution

Et l'on se croit libre quand hésitant

De ne sentir à l'entours aucune prison

L'on tente de cette liberté goûter comptant

Alors le dos se glace d'un frisson

Car c'est nous que l'on voit là fuyant.

L'ECHARDE

Depuis un siècle mes bras tiraient et mes jambes poussaient. Je ne savais quoi au juste.

Enfin cela était ainsi ! Sans doute un besoin constitutionnel commun à tous mes semblables.

Ce qui m'étonnait le plus : m'apercevoir aujourd'hui de ce synchronisme auquel je ne pouvais rien.

Mais supporté si longtemps sans le savoir !

Comme un poteau rugueux et froid entre mes cuisses et mes bras, je serrais un espèce de pieu auquel je grimpais.

Que je découvris avec horreur grâce à une écharde de bois plantée là en plein cœur !

Stop là ! Puisque m'apparaissait mon malheur.

Mais à peine arrêté qu'un froid me saisissait, sidéral.

Et je maudis encore ce réflexe qui me fit progresser d'un bond car, je le sais maintenant, au moindre repos, au moindre faux pas, ce froid là me transformera en momie.

VIEUX RHÔNE

Rhône tu déroules la nuit

Ton lourd manteau de brumes

C'est que les fées blondes

Dormant dans ton onde

Rêvent sous la lune

Au fond de ton vaste lit

Du temps de ton enfance

Où tes grandes colères

Ivres de ta puissance

Noyaient même la terre

NOCTURNE SACREMENT

L'escapade à la nuit tombante, du roi au rat toute une vérité.

Quand un bon coup t'obscurcit et qu'une rasade te chaloupe en haute mer.

Et tu te retrouves les yeux dans les yeux avec une huître louche, un reste de nausée sur ta bouche et tu oses blasphémer même l'amour.

Tordu comme une allumette vivant de sa dernière flamme, tu vides ta dernière coupe, le menton dans la nappe.

T'en revenant à peine du fin fond des déserts parcourus à dos de dromadaire que te souviennent déjà toutes ces faims où tu plantas tes dents.

Dents du loup, rouges, mâchant sa proie ou dents rongées de vin, du mendiant.

C'est très important à présent !

Car c'est là ton couronnement !

Et tu roules, tant mieux, dans la boue ou sur les cailloux, les passants t'évitent. Tu ris fort et fou et les graves visages matinaux s'enfuient comme les pigeons de la place; te laissant vautré, roi déchu dans son trône de misère.

Et au grand matin le soleil assomme le divin Bacchus d'une nuit.

FEE

Mademoiselle Armelle le paysage est beau ce matin, les oiseaux sont châtains et vos yeux mutins.

Armelle écoutez le clavecin des rayons sur les feuilles et les troncs.

Armelle sentez bon le tapis de la forêt sous vos pieds et les champignons et les oisillons.

Armelle, le matin, la forêt, le matin, Armelle et tu n'es plus Armelle la doucereuse jouant du piano pour ses amies avec nostalgie; tu n'es plus Armelle que l'on trouve frêlement vivante à l'heure du souper.

Et tu cours dans les bois avec ton chien qui aboie dans ta jupe et danse de joie autour de ta taille d'enfant quand tu deviens, roulant dans l'ombre jaune des sous-bois et abandonnant aux rayons tes cheveux traînant jusqu'à terre, Armelle, l'amante des forêts.

LE VIEUX

Tombe la neige, neigez flocons

Sur un très vieux sommeil boiteux

Où rodent cent mille esquifs.

Tombe le neige, neigez flocons

Ils ont vécu les rêves du vieux,

Leur âge en a taillé les massifs.

A force de longues veillées

Et de petits enfants joueurs

Au coin d'un feu de cheminée,

Sa voix s'est cassée de vieux pleurs.

Les souvenirs mal essuyés

Du temps où ses mains avec ardeur,

Rythmaient les danses syncopées,

Ont presque fané son vieux cœur.

Tombe la neige, neigez flocons

Sur un très vieux sommeil boiteux

Que consument les anciens feux

Dans les cases où sans façon,

Le vieux racontait son pays neigeux

A ses amis noirs, lui le blond.

BIBLOS ?

Biblos comme un os de rapace, tu blanchis dans les rocs brûlés. Tu m'as l'air bien mort, plus aucune fourmi pour te pincer les côtes et les fêtes de la bière ne te saouleront plus.

Biblos comme un indien; hué par ses squaws à force de trop adorer les dieux sacrés dont les yeux ne cillent pas au soleil. Tu erres seul la nuit dans l'ombre de tes cyprès endormis.

Biblos, pauvre indien que jadis réchauffaient ses squaws, un souvenir peut-être du paradis de ton enfance.

Les dieux aux yeux dorés restent froids à ton cœur. Biblos, du paradis où tu courais à la mer chantant haut le soleil sur ta peau et le ciel seul avec les mouettes dans tes yeux.

De ton enfance, Biblos, où déjà tu t'essoufflais parfois et mourais un moment, les bras en croix, en te faisant une peau de sable mouillé pareille à la statue d'un dieu.

QUAND RAISON S'EN VA

La nuit tout est noir et tu es noir comme un sénégalais mais les chats te voient divaguer dans les rues et le miaulent à la lune sans que tu t'en doutes et jusqu'au port on suit toutes les étoiles qui te hantent et que tu bouffes.

La houle te balance devant des bateaux immobiles dans leur sommeil.

Sur une flaque tu flottes comme eux mais qu'est-ce qui les fait voyager et pas toi ?

Tu leur tournes le dos mais les bateaux n'ont pas d'âme et ils s'en foutent sans remords.

C'est ce qui les fait naviguer et toi divaguer au coin du feu, ta femme douce et nue sur tes genoux.

Comme la gloire des grands n'ayant jamais pu

marcher sur les plates-bandes fleuries devant les

petits enfants.

L'instant est beau sans raison.

L'ILE DE PAQUES

Détiens-tu un secret de la terre ?

Où de la puissance des anciens ?

Elle est bien triste ton île.

Sont-ils morts les génies sur la terre ?

Ont-ils existé au moins ?

Elle est bien triste ton île.

Son mystère reste de pierre.

Planté là puissant comme un roc

Obstiné et défiant les tempêtes.

Mais les géants n'ont plus de cœur, les bêtes,

Aveugles les pauvres, y ont usé leurs crocs

A quoi rêves-tu au loin, géant de pierre ?

L'AMOUR L'HIVER

Avec quelles grâces tu me tends le cœur quand j'aperçois dans tes yeux un je ne sais quoi me forçant à travers ton âme jusqu'à ton corps.

Cette bourrasque qui nous emporte quand son souffle chaud dévoile nos visages amoureux de tous leurs reflets inutiles.

Amusons le courroux des dieux !

Amusons les pensées des vieux !

Pourvu que l'aube naisse en nous à chaque rencontre de nos yeux, à chaque baiser dans le cou, à chaque moment de grande piété après le feu.

Pourvu que nous viennent des envies de fous.

Pourvu que les hivers en noir et en blanc, avec toi et avec moi, restent illuminés de silence.

Et puis, quand le soleil meurt, la lune nous le savons, son froid souvenir nous réchauffe le cœur dans l'attente du jour neuf de toute habitude.

Le souvenir est plus cher que le devenir; sans explication.

Il redore inlassablement la grâce avec laquelle tu me tends le cœur quand j'aperçois dans tes yeux un je ne sais quoi me forçant à travers ton âme jusqu'à ton corps.

CIMETIERE

Voyez les saintes marque d'amitié,

Aux pieds des marbres traînent encore des colliers.

A l'ombre des cyprès dorment tant de promeneurs attardés qu'une abondance de fleurs masque la frayeur.

Savez-vous, ces fleurs là ne s'abreuvent que de pleurs. Elles sont les tendres compagnes du malheur.

Voyez cette croix obsédante; croix sur un être, sur un nom, en croisement de vies sur le fond du ciel, rencontre avec l'infini.

Je le saurais un jour et j'en frémis.

CHASSE

Je courais comme un perdu dans une vallée aride, trébuchant à travers des éboulis de cœur.

Mes pieds en feu souillaient la terre empreinte de leur sang repenti.

Je courais avec à mes trousses le roulement terrible de la horde enragée des amours inachevés.

Cruelles furies aux flancs blessés, une vengeance aveugle tendait leurs griffes implacables.

Je courais mais déjà au fond d'un ravin désert se pressentait la curée du gibier que traquent des loups.

Derrière chaque rocher une ombre ricanait.

Je courais toujours, avec pour seule compagne la pauvre fierté du condamné.

Plus je courais et plus tout devenait calme et

paisible.

J'espérais, au terme de ma course, trouver la paix au fond d'une mer sereine.

Et je courais encore et encore et je ne pensais plus à rien. Il n'y avait plus rien.

QUELQU'UN

Par tous les chemins creux où courent les larmes, quelqu'un s'est égaré.

Quelqu'un a erré comme un chien perdu, avec le désespoir dans les yeux.

Et quand l'ombre d'un étranger.

S'y est terré sous un rocher.

Dans toutes les lèvres radieuses, quelqu'un a soigné sa fièvre, quelqu'un a trouvé sa fontaine de jouvence, a retrouvé son enfance blottie dans un nid de baisers.

Et quand, l'ombre d'un étranger.

Lui a dit bonjour en feignant l'indifférence, et prié pour qu'il parte.

Dans tous les yeux rêveurs où un acteur joue et se

cache, où un rideau tremble à une fenêtre et parfois laisse passer un rayon; quelqu'un sourit sans arrêt, guide un ami dans son monde secret et partage avec lui les fastes d'un arrière-pays.

Mais quand, l'ombre d'un étranger.

Autour de ces terres fragiles, des remparts se dressent avec tous leurs archers.

NAISSANCE & ENFANCE

Un soir de grand silence il naquit.

Alors quelque part un berger

Tira de sa flûte un trait

Entre la haute nuit des cimes

Et la terre qu'il devine

Là bas au fond des bois noircis.

Aujourd'hui quelque part très loin,

Chaque nuit en grand silence il grandit.

Et chaque jour il avance vers lui

Derrière un berger, son père

Qui de sa flûte et de prières,

Le sèvre et lui apprend

Le monde où on l'attend.

Où se terre un grand destin.

LA VIEILLE IMAGE

Si les brumes de minuit

Si les nuages lourds de rage

Et les tempêtes me sourient

C'est qu'une très vieille image

Dort chez moi mais jamais l'oubli.

Si la noire montagne s'enfuit

Quand je m'égare sous ses pluies

Si la mer démontée se calme

Quand je suffoque de ses lames

C'est que la très vieille image

Vit toujours à travers les âges.

SOLEIL NOIR

Pour oublier cet été en fleur

Sans avoir à verser de pleurs

Pour m'étendre comme un drap

Sans tomber toujours plus bas

Pour fleurir dans la pénombre

Sans être broyé par le nombre

Soleil disparu je te revois

Au fond des alcools que je bois

Pour courir en sifflant la vie

Sans trébucher sur mon ennui

Pour me baigner dans les ruisseaux

Sans effrayer le chant des oiseaux

Pour sentir toutes les musiques

Sans m'abîmer dans le mystique

Soleil disparu je te ressens

A travers les fumés puissants.

EN HAUT D'UNE TOUR

Allons-y puisque le temps s'y prête.

Allons-y puisqu'il s'agit de l'âme.

Sans perdre de temps et avant d'en perdre le cœur.

Avant de perdre l'honneur aux abois.

Fixons les yeux au plus haut de la tour de Babel

pour n'en redescendre jamais.

Comme du haut d'un rocher me promettant la chute libre.

Or là plus de raison belle à souffrir.

Non plus de toison pour elle à courir.

Les nuées de haut en bas.

Le vertige pour seule loi.

Avec la coulée amoureuse des corps.

Ô l'immuable vie heureuse.

L'agonie d'un enfer d'esprit.

L'exil définitif vers d'autres rêves.

A....

J'ai vu à travers toi et le temps s'est arrêté, figé comme un cheval de bois.

Il faisait clair dans tes yeux et tous les trésors du monde, je les voyais à travers eux; dans ton corps comme un écrin.

A l'heure douce où les soirs d'été plane le crépuscule, les rayons d'un sourire, le tien, ont fleuri dans mon cœur cette fleur qu'est l'amour.

Tu as vu à travers moi et le temps s'est arrêté, figé comme un cheval de bois.

Quand nous avons couru en riant vers la grande source pour nous y noyer, et les gens et le temps étaient morts.

Quand nous avons couru vers la grande source en riant comme des sourds, la grande source, l'eau claire de l'amour, le feu d'artifice aux éclaboussures enflammant les corps, le bois voluptueux, le mélange parfait du soleil dans les arbres imprimé pour toujours sur la mousse des forêts, nous avons vu en un éclair et le monde s'est figé pour l'éternité. L'amour est né de la source qui coule depuis toujours.

INSTINCT

L'hirondelle a effleuré

La belle cour aux grands pavés

La statue pieuse aux yeux clos

A frémi dans son marbre chaud

Car les moines toujours pensifs

Un instant ont aimé ce corps si vif.

AMIS

C'était une conversation passionnée.

Elle animait son doux regard où des larmes brillaient.

Nos paroles s'affrontaient, lames hardies ou fiers rochers en une tempête têtue.

Décharges de catapultes elles enflammaient la gorge outragée.

S'entredéchiraient en loups enragés crachant leur folie dans les calmes neiges de minuit.

Les mots incandescents nous glaçaient d'effroi. Leur dérive lointaine les avait abandonnés à leur pouvoir cruel.

Les coups de bélier de leur fureur disloquaient nos cœurs ébranlés.

Alors qu'un peu d'amitié !

Alors la fierté sombra, enfin éventrée parmi les écueils aigus.

Alors fi des barrages pitoyables, des larmes jaillirent et le flot du repentir noya

les loups enragés.

Tout était calme et neuf, le ciel se remplit d'étoiles, il ferait beau demain puisque nous nous étions enfin réconciliés.

DANZA DEL TORO

Ses ailes d'or étaient trop fières

Et moi trop lent à courir derrière.

J'ai chargé comme sur un toréador

Ignorant que j'aimais trop son corps

Pour être un taureau vainqueur

De sa beauté pourtant sans cœur.

Dès le premier mouvements elle a joué,

Ses grâces coloriées se sont moquées

De mes sombres élans lourds de rage

Je ne frappais que son vague voilage

Qui chaque fois me blessait cruellement

Chaque fois faisait jaillir du sang

J'ai eu peur elle ignorait la pitié

Son regard, de haine exaltait.

J'ai eu peur elle baisa mon front

Alors que brûlait mon front.

J'ai eu peur elle ressemblait à la mort

S'amusant à faire luire le pommeau d'or

De son épée juste sous mes yeux.

J'ai eu peur à voir de tous les deux

Nos ombres imprimées dans l'arène.

Et cette épée qu'elle tendait comme une reine.

Ce fut sur son ombre que je chargeai

Sur son ombre que je me jetai.

En grand fracas, son ombre se plia

Et je ruai quand son épée me transperça

Et bondis une dernière fois avant la mort.

Nos deux ombres se firent un corps

Et à travers ses flancs rougis,

Je fichai notre chute et son cri

De mes cornes noires dans la terre

Où j'expirai, une bave mortuaire

Coulant sur son ventre encore chaud

Tandis que s'éteignaient nos sursauts.

LE POEME POUR SYLVIE

Comme coule la vie

Se coulent au creux

De ton oreille les mots en feu

Que ma bouche y appuie.

Quel poème font-ils qui frissonne

Dans ton dos et pointe

En armes tes seins durcis ?

C'est le poème pour Sylvie.

Que mes lèvres pieuses déposent

Sur ta peau où les sangs palpitent

Et puis s'en vont, lèvres infâmes

Fouiller en ton tumulte de femme

Et se noyer dans l'écume salée

Des tempêtes qu'un poème y a soulevées

Eh ! Quoi ? Pour donner goût à la vie !

Quoi ! C'est le poème pour Sylvie.

JALOUSIE

Où es-tu mais où es-tu quand je te parle et que tu ris ? Où es-tu les yeux dans le vague quand je te regarde rire sans savoir si je suis vraiment là avec toi ?

Où vas-tu où vas-tu quand tu te promènes à mon bras ? Où vas-tu toujours vers le soleil ? Tu sais il fait chaque jour le tour de la terre alors reste à mon bras et parle-moi tout bas avec de longs silences où les cœurs battent.

D'où viens-tu quand tu cours vers moi avec tes rires et tes cheveux fous ? D'où viens-tu quand je t'enlace et que tu as le goût de l'eau claire ruisselant dans l'herbe drue ?

Et pourquoi ris-tu de ma triste mine les soirs où l'on s'ennuie ?

DOUBLE TROUBLE

Anodin, le feu divin

Se disperse, tache de vin

Aussitôt à l'éclair absolument

Vif d'un regard d'enfant.

A l'horizon nu des pôles froids

Les plus belles fleurs se perpétuent

Difficilement, glacées de cristal.

Jamais on ne les porte à l'étal.

Et quand l'on parle haut

De projets très idéaux,

L'on pense parfois tout bas

A ce que l'on ne devrait pas.

MOMENTS PARFAITS

Il est des jours gonflés de sève mure

Où s'écoute Verdi, le soleil frissonnant

Mêle alors les arbres de figures

Ecarlates et je deviens clément

Pour la femme qui a froid et endure

Mon silence extasié de faux dément.

Il est des moments d'or, très beaux

Où toute mesure profane disparaît

Quand, allongé entre les pierres et le vent,

Mon regard chevauche les nuages au galop,

Entre les branches d'un chêne géant.

Il est des moments parfaits

Quand l'arbre vénérable s'emporte après moi

Déplorant mes fuites insensées

Et m'explique un peu pourquoi.

JE VOUDRAIS QUE L'ON ME DISE

Je voudrais que l'on me dise

Comment aimer une fille, une fleur,

Sans avoir une ombre au bord du cœur.

Comment aimer un ami, un sosie,

Sans que dans la tête souffle la folie.

Je voudrais que l'on me dise.

Je voudrais que l'on me dise

Pourquoi le temps ne s'arrête pas

Quand on aime une fille

Et qu'on la tient dans ses bras.

Quand on aime un ami

Aussi fort que cette fille,

Et que l'on tient dans sa vie.

Je voudrais que l'on me dise.

Je voudrais que l'on me dise

Pourquoi s'en vont les nuages.

Pourquoi vont-ils pleurer leur âme grise

Et sur quels lointains rivages.

Je voudrais que l'on me dise.

VERS L'ABSOLU

Vois comme la vie est vaste et large. Imagine-toi que partout où tu peux poser tes yeux tu peux poser tes pas.

Ne sens-tu pas errer sous tes pieds cette terre incertaine ? Ne vois-tu pas passer autour de toi tant de gens lointains ? Si tu n'as pas perdu toutes tes clés c'est bien pour ça.

Alors va au plus loin de ton regard, va voir si la vie s'arrête là bas et porte tes pas là où iront tes yeux. Surtout ne fixe jamais un éclat particulier, ni ne t'arrête en chemin car à atteindre un but tu perds l'absolu et tu es perdu.

Et si je peux t'en parler c'est d'y avoir perdu toutes mes clés !

FIER ET DROIT

Il est fier et droit.

On ne sait d'ailleurs pas pourquoi.

Il est fier sur le quai d'une gare,

Tout autant que fumant un cigare.

Il est fier et droit,

Agitant un mouchoir à bout de bras

Ou buvant un cognac à cause du froid.

Il est droit sans chercher si là bas

Les murs sont aussi étroits

Et les plafonds aussi bas.

Mais il est heureux

Quand il découvre une idée.

Et joyeux

Qu'elle brise les fers à ses pieds.

Mais c'est seul devant la falaise

Quand il s'arrache à la glaise

Et pleure au pied de la rude paroi

Qu'un homme devient fier et droit.

CHUTES

Chute chute horizontale

Chute confortable de la nuit

Chute chute verticale

Chute dissipée de l'ennui

Chute chute sinusoïdale

Chute épaisse de l'oubli

Chute chute centrifuge

Chute chute spirale

Chute vers l'ultime refuge

Chute inanimée animale

Chute mortelle du sommeil.

Chute chute pour l'éternité.

Chute en plein soleil

Chute chute enfin pour de vrai.

EQUILIBRE

Pâles ailes de l'ange défunt au printemps dernier.

Comme repliées, encore pendues au dos d'un vieil enfant.

Un enfant aux cheveux poissés, au front tourmenté par une recherche nouvelle.

Joues roses de poupon, creusées de baisers avides.

Fugace reflet trompeur d'une fière jeunesse au soir de l'été

Quand le lierre se fane et découvre les pierres.

LEGENDE DU CERF

Cerf de bronze qui me surveillais du plus haut des rochers quand je foulais ton royaume. Alors au fond de la vallée un grand froid me couvrait les épaules.

Car du soir au matin ton souvenir hante la forêt avec un roi marchant à tes côtés.

Cruel à poursuivre tes pas agiles sur la neige où scintillent mille gouttes de sang.

Cerf de bronze, ton fantôme et sa légende courent en liberté.

Hors de la prison de métal glacé que les pleurs des hommes ont forgée.

Et que leur roi mort à te traquer partage pour l'éternité.

Je peux bien caresser ton front, tes yeux vifs ne

cillent pas, posés sans fin sur le chasseur brisé dans sa sanglante chevauchée.

Ils suivent sans fin la cavalcade; roi, chevaux, ivresse de la chasse, que précipita en une chute mortelle ton élan miraculeux.

Et contempleront éternellement les fantômes de leurs corps défaits.

Mais quand ton brame fier, bravant pluie et vent, neige et tempêtes, surgit du fond des bois et des souvenirs du reste de ta horde, alors toujours un manteau de bronze me glace d'effroi.

L'AMANTE

J'aime quand elle s'en vient porteuse de promesses

J'aime ses yeux innocents son air angélique

Son sourire timide et ses allures de déesse

Les effluves torrides qu'elle exhale

Quand se nouent mes doigts dans ses doigts

Et que se traîne ma mâle ardeur à ses genoux

Quand ma prière monte de ma bouche fiévreuse

Vers le calice sanglant de son ventre de soie

Et qu'il lui déverse une manne rédemptrice

J'aime encore son infinie pitié

Car je ne sais me tenir à ses pieds

Et de ma conduite de voyou

Elle endurera le martyre

Son sourire devenu amer

Elle passe ses doigts sur mon front

Tandis que je la torture sans fin

Et j'aime aussi quand son corps malmené

Alors que ses yeux luisent encore en enfer

Que son ventre heureux se referme doucement

Comme une coquille pleine après le reflux

Son corps toujours se redresse malgré lui

Dans le halo de ses hormones libérées

J'aime moins quand elle s'en va

Se lançant dans un regain d'innocence

Fièrement sur la pure ligne droite

De sa route comme une chaste reine

Ignorante de la traînée de fantasmes

Que lui font ses charmes convoités

Elle reprend quoi ? Sa liberté voilà

Ivre d'innocence et de sensualité

Redevient la femme à conquérir

Encore encore et toujours

Tandis que scintillent au soleil

Le long de ses cuisses

Pour un instant encore

Les uniques larmes

Que je lui ferai pleurer

Jamais

CYCLE

Bang-bang tonnait un oiseau puis il s'est crashé. Un oiseau fou qui jouait à l'avion.

Bang-bang tonnait un homme puis il s'est couché tout rouge. C'était un homme fou. Il jouait à la guerre comme enfant je jouais naguère.

Enfants qui jouez à la guerre, cachez-vous de vos aînés, ils sont assez fous pour vous imiter. Enfants ne leur parlez pas de vos rêves, ni de vos amours ils s'y enchaîneraient !

Allez plutôt jouer auprès des vieillards repus de déboires, revenus à leur point de départ, comme vous les pieds sur la terre qui les a vus naître. Et admirez les rides creusées sur leurs visages enfantins, dans sa fuite méchante par la rage vaincue.

MORT DU CRABE

Je l'ai perdue dans un éblouissement de soleil.

Nous longions la plage et ses rochers; comme toujours elle marchait en crabe, les yeux sur moi en me cachant le soleil.

Rien jamais ne lui échappait et le flot sourd de sa voix pure m'assommait, intarissable.

Les corps bronzés semblaient des bateaux aériens entre le bleu de l'eau et le sable blanc.

Des bateaux avec la brise pour maîtresse et la joie comme destination.

Avaient-ils abandonné sur quelque île leur cargaison et leur raison?

Et tout était léger, sentait le sel frais et elle claudiquait encore en crabe à mes côtés.

Un crabe moralisateur me vrillant sans pitié et chuchotant à mon oreille comme une vieille femme jalouse.

Un crabe ignorant les alanguissements heureux, sourd aux cris des mouettes et des enfants dans le clapotis des vagues, bien laid en somme.

Nous avons marché côte à côte jusqu'en haut de la corniche sans qu'il ne m'écoute jamais et où il continua à me cacher le soleil.

Il boitait toujours quand je lui ajustai un formidable coup de pied rageur.

Le crabe de la sagesse s'écrasa sans bruit sur les rochers et de nouveau le soleil fit pleurer mes yeux.

UN AUTRE MONDE

Les marques des ongles gravent dans le dos des hommes.

Gravent les mots de sang d'un autre monde, d'un autre ciel.

Mots accrochés aux doigts des femmes, mots pointus et cruels comme des épées, nous poussant toujours plus loin.

Mots griffures de chatte lascive qui joue avec sa proie.

On les écoute la nuit en sourdine, gémis des lèvres abandonnées à nos lèvres enflammées.

Car là bas la douleur accompagne le bonheur.

Et se fait le tapis épais du plaisir partagé.

On écoute ces mots voguant dans la nuit à la dérive

d'un monde où les vies assoupies s'éveillent.

On les écoute car leur grande sagesse nous jette à coup sûr dans le chaos des chairs palpitantes où s'épanouit toujours notre grain de folie.

Jusqu'au matin le monde est alors beau comme la femme et au matin il nous reste les mots gravés dans le dos pour croire au rêve de la nuit envolée.

FLEUR DU POETE

Le nénuphar qui pousse dans ma tête est issu d'une ancestrale combinaison perdue.

Fleur pourtant nouvelle par la mobilité de ses pétales immuables aux reflets infinis elle a le parfum du secret.

Le nénuphar qui pousse dans ma tête fleurit en pages jaunies à la surface de la nuit. C'est de la haut que le nénuphar en fleur fait sa cour aux étoiles.

Le nénuphar qui pousse dans ma tête charme tous les enfers, soulève des voiles poussiéreux et se nourrit, je crois, de très peu de foi.

Et je me brûle les doigts à le caresser quand il s'en revient, lys glacé de dédain, d'un jardin de neige ou d'une planète d'hommes bleus sculpteurs de glaciers si loin de moi.

Le nénuphar qui pousse dans ma tête, large et fort, grimpe de plus en plus haut et cherche même à s'envoler. Les frissons de ses feuilles m'obligent à planter mes ongles en terre et sa tige fond entre mes dents quand je tente de la couper et la morsure devient baiser.

Mais surtout ses élans de joie excentrés me font marcher sur l'eau et sauter des montagnes sans pesanteur. Je lui crie "arrête voleur !" et alors il pleure et ses larmes chargées des poussières de son monde merveilleux, dévalent sur moi en cascade éblouissante.

Poussières suffocantes, attirantes et effrayantes, j'y sombre toujours tourbillonné jusqu'à leur culminance et je pardonne alors son indépendance folle à ce nénuphar égoïste.

Le nénuphar qui pousse dans ma tête est là pour m'entraîner, je le sais, vers la lumière céleste. Un jour que mes pieds ne toucheront plus terre je l'en remercierai, je le sais car il est la poésie de la vie !

L'ETRANGER

J'ai vu le vent chasser inlassablement de grosses fougères sèches roulant et bondissant à des allures météoritiques jusqu'aux frontières de ma vue dans un désert de poussière.

J'ai vu d'énormes rochers en forme de poings et de dagues contre lesquels la tempête blessée hurlait sa colère.

J'ai vu des astres pêle-mêle enflammés, leurs amours gerbaient du feu et la mer était calme; c'était peut-être une guerre !

J'en ai vu d'autres pâlement vaporeux, sombres presque morts dans un ciel de flocons en chute lourde. La terre était blanche et la mer calme; c'était peut-être une mort !

J'ai vu aussi un étranger joueur de flûte. Il me fixait bizarrement et je me suis endormi. Il a disparu mais j'ai su jouer de la flûte et m'asseoir en croix comme lui; c'était peut-être moi !

J'ai vu la mer calme et des fougères sèches s'y noyer. Le serpent de mer n'a pas voulu que je m'y baigne alors je suis resté sous la pluie et il riait.

Il m'indiqua le chemin de la ville mais elle a éteint ses lumières en me voyant; je n'y ai trouvé que des ombres fuyant devant moi sans parvenir à en rattraper aucune.

J'ai frappé à beaucoup de portes muettes, j'en ai forcé une et j'ai vu un étranger joueur de flûte; il me fixait bizarrement et je me suis endormi.

Voilà ce que j'ai vu m'étant perdu en rentrant chez moi. Voilà pourquoi aller plus loin à chaque fois.

VILLE

Votre téléphone, votre taxiphone, votre faune des villes, sans y trouver à redire, sans y mettre de mauvaise volonté, elle rend aphone, elle siphonne les pauvres gars qui s'y frottent. Qui s'y frottent et s'y piquent. Ils sont piqués tous ces gaillards venus de nulle part pour vivre dans des hangars et qui ont les mêmes regards hagards.

Oui mais voilà ! C'est sur ce terreau là que poussent leurs plus belles fleurs; celles toutes noires du désespoir ! Celles toutes rouges de la fureur ! Celles toutes pâles de la folie ! Ou encore vertes des noyés, bleues des amoureux trompés, roses des bébés abandonnés... Alors, que voulez-vous, impossible de s'en retourner renifler les campanules naïves !

Qu'en dis-tu belle hirondelle ? Qu'en dis-tu du haut de ton aile ? Que peut-être dans un lointain lendemain...

Et toi le rat, qu'en dis-tu ? Qu'en dis-tu du fond de ton dégoût, ex rat des champs qui connus étables et angélus ?

Comme on voit ici, pas besoin de drogue forte pour s'enchaîner à un quai, la fascination des passions ordinaires y suffit.

FEMME TROP JEUNE

Femme trop jeune il faudrait te dire mais je ne peux pas.

Te dire pourquoi un jour, une candeur retrouvée, un reflet de l'été, une lueur du passé trouant la brume du temps, j'ai aimé.

Te dire les regrets du vieux cheval de trait face à la charrue patinée par son labeur.

Te dire les regrets du vieux cheval de guerre quand les jupons remplacent les canons de ses charges héroïques.

Te dire les regrets du vieux cheval de course qui ne galope plus que pour les enfants.

Te dire que ton amour ingénu fend le cœur comme le fer fend la terre et les chairs.

Te dire que toutes les guerres sont perdues d'avance même avec toi.

Te dire que les courses ne seront pas terminées malgré toi.

Te dire la fuite de l'hirondelle lorsque l'automne est là.

Femme trop jeune il faudrait te dire surtout mais je ne veux pas.

Te dire que tu es le bonheur et l'océan entre nos âges un mirage.

COLOMBE

Colombe quel est ton passé ?

D'où tiens-tu ce diamant à ton cou ?

Colombe perdue dans ces montagnes

Avec des vautours pour compagnes.

Toi qui naquis si loin de nous ?

Colombe quel est ton secret ?

Dis-moi tu es la reine ici

Mais as-tu oublié les oliviers

Où était bâti ton nid ?

Est-il si beau le roi des éperviers !

Colombe tu me dis rêver en secret,

T'envoler de cette aire sans y croire.

Pas plus qu'en l'amour illusoire.

Du triste roi de cette sombre forêt.

Colombe qui a aimé les fleurs timides,

Tu pleures sur ton malheur trop grand

Comme est trop lourd ce diamant

Accroché en boulet à ton cou candide.

Tu pleures comme une enfant.

NUIT MAGIE NOSTALGIE

Quand les filles dansent, dansent à s'en fendre l'âme, en attendant que le jour se lève, quand c'est la fête. Magie de ces filles que l'on ne rencontre jamais en plein jour, de ces filles à en pleurer sur un baiser froid. Magie de ces gardeuses de secrets tendrement brûlantes à qui l'on raconte si longuement des choses sans importance, des secrets de polichinelle cachés sous un fatras insensé.
Insensé que tu es quand elle te regarde bienveillante et que tu la crois ta sœur. Tu composes ton image et elle la décompose, tout simplement. Les passions naissent parfois d'un mensonge à coucher dehors. Amour en or, amour d'un jour, amour sans bruit d'une nuit, au petit matin froid il est mort comme

une pauvre hirondelle et la marée l'emporte vers les îles lointaines du souvenir. Blondes ou brunes, claires éphémères, on vous retrouve un jour, un sourire, en ville. Un sourire en souvenir d'une nuit de rêve.

PLAISIRS ET MIRAGES

Cœur bleu de l'homme oiseau nichant au plus haut des coteaux.

Langue verte buvant le soleil de l'homme lézard dans son sommeil rocailleux.

Insomnie trompeuse mais éphémère de l'homme insecte, tyran des mers et des terres empreintes partout de sa ronflante présence.

Traumatisme imposant de l'homme éléphant trop lourd pour les sables du rêve.

Crinière d'or de l'homme lion magnifique tueur paresseux des savanes.

Horde indomptée des maîtres de l'amour, hommes chevaux princes de toujours.

Homme sublime ami des étoiles, vagabond fatigué

d'avoir trop festoyé aux autels vertigineux.

Pauvre homme affamé d'idéal, de banquet en plaisir, dont l'appétit a raison de la vie.

Sont-ils donc si beaux les mirages qui hantent nos yeux ?

Assez beaux pour les rechercher à travers les chanvres.

Assez beaux pour y croire, comme croient au micro des badauds concernés.

Ils ne seront jamais aussi beaux que la danse d'une femme sous la lune et à la musique d'une brise et du silence.

GALOP REGRESSIF

Au matin froid, sens la pâleur des marais.

Aux roseaux gelés, affole les oiseaux.

Aux boues durcies, résonne le trot du cheval.

A l'air glacial au galop, brûle ton visage.

A la vapeur des naseaux, trace ton sillage.

Au cou musclé, réchauffe-toi du glas matinal.

A toute allure, martèle le gel des vifs sabots.

Au rythme mortel, pousse le cri des anciens cavaliers.

MON AMOUR IDEAL

Je prendrai une boucle de tes cheveux dorés, mon amour,

Une boucle et m'en ferai une bague éternelle.

Je te parerai de ces fleurs que nous aimons mon amour.

Je les poserai collier sur tes seins et couronne sur ton front.

Le jour, nous boirons aux ruisseaux des sentiers le vin qui rend si gais les moineaux et le soir nous parlerons tard dans le parfum d'un romarin.

Et je serai le soleil et la source et je serai le papillon te couvrant de ses ailes.

Mon amour, tu seras la fleur que je garderai belle.

LA FOIRE DE LA GLOIRE

Le hasard, que j'estime beaucoup, un matin a frappé a ma porte. Il m'a dit viens avec moi à la foire. Aussitôt je l'y ai suivi. Curieusement il y faisait noir. Nous nous sommes assis dans la lumière de la foire. Une lumière électrique et la nuit qui la traquait.

J'ai assisté, invité du hasard, à l'incendie soudain des fanions de la foire.

Une affiche disait: Le juge Abraham s'en est allé au paradis reposer son dos usé. Qui va porter sa charge? D'autres juges attendent qui ont tous juré; mais qui portera sa charge?

C'était une belle affiche peinte de couleurs vives.

Les juges sont-ils des anges? Abraham est-il un saint?

A ma question le hasard a souri pointant son doigt.

Sur le champ de foire des enfants jouaient autour de la lumière électrique que la nuit traquait.

Ils virevoltaient comme des lucioles, s'entrechoquaient et répandaient à terre le contenu de leurs fioles.

Invité du hasard je contemplai par politesse cette farandole qui devenait vraiment folle.

J'entendais rire Abraham perché sur un lampadaire; caché derrière cette lumière électrique. Les juges grimpaient vers lui en se tirant les cheveux.

J'ai ri de bon cœur avec Abraham mais comme tout cela était triste!

Le hasard endormi je me suis esquivé sur la pointe des pieds, laissant Abraham rire de sa gloire. Je pense qu'il s'en sera vite lassé.

DEJA !

Au pôle lointain, au pôle lapon, au grand Nord de ma vie, que faisais-je égaré à vingt ans ?

Immobile et gelé par ce désert de mort,

Ebloui et fasciné par ce désert de diamant.

Je rêvais ? Non, je voyais Thanatos dans son monde inconnu courir lourdement et hurler sans fin avec le vent dans la clarté aveuglante de la neige en tempête.

Je voyais l'ours blanc foncer vers moi du plus loin de sa chasse.

Transperçant comme une flèche les haillons de brouillard, pauvres hardes d'une bise folle.

Déjà prêt à s'abattre, je ne voyais plus qu'un géant écartelant le ciel de ses griffes.

Déjà sur l'immense linceul blanc, deux soleils rouges me fixaient et une large gueule écarlate m'assourdissait.

Déjà s'ouvrait la porte de l'enfer.

DESERT INFINI

O caravanes ancestrales qui voguez avec la volupté des dunes; m'emportant sur cette mer de sable où les dromadaires à l'air austère roulent comme de grands vaisseaux bercés par la brise.

O pistes chamelières, à chaque dune franchie votre sillon instinctif me découvrait le bout du monde, l'éternité à continuer.

Parfois un fier rocher nous contemplait, témoignage des colères du temps.

ou borne d'antan.

Un rocher muet qui me brûlait les doigts quand je le questionnais.

L' OEUVRE D'API

Cornes de bœuf cernant la lune

Apparition divine sur la dune

Api immobile fascine la mer

Les vagues se taisent il est fier

Et pénètre en son temple.

Baignant son poitrail il contemple

Longuement l'étendue marine

Puis accomplissant sa mission divine

Soudain disparaît sous l'onde

La mer le baigne et il la féconde

Taureau cuirassé de nuit

Et d'étoiles un éclair a jailli

Que déjà le tambour de ses sabots

S'estompe au loin dans les roseaux

VEILLEE

Veillée, c'était un soir de cristal parsemé de visages réjouis.

La pluie et le vent, vagabonds méprisables frappaient aux carreaux des fenêtres.

Une lueur de bougie, comme une fleur de vie les rassemblait autour d'une table.

Les cœurs s'épanchaient de leurs bouches taciturnes au rythme lent d'un balancier d'horloge.

Et le vent et la pluie se lamentaient autour des murs clos. Leurs larmes plaintives glissaient sur le toit mais la maison au cœur de pierre leur restait étrangère.

Veillée, c'était l'heure où le vent cet agité ennuyeux et la pluie sa morne amie, comme deux pauvres enfants abandonnés des cieux, crachaient sur terre leur folie.

Veillée, tandis qu'à force d'eau de vie, se dissipait l'ennui de nos âmes.

PERDU

Candide je suivais les traces de ses pas

Et puis quand j'étais fatigué, un sourire s'éveillait

S'éveillait qu'il fallait endormir.

Qui attendait un baiser.

Alors, à travers les êtres et les choses,

Sans savoir pourquoi,

J'aurais voulu m'envoler.

M'envoler et de là haut grimacer aux doigts tendus des badauds.

Mais toujours je suivais ses pas qui n'en finissaient pas de me faire marcher, de me faire danser.

Qui toujours me menaient à une maison , me menaient à un pont.

Moi qui ne pouvais voler, j'attendais de trouver un

jour la mer, là, devant moi.

La mer où personne jamais ne ferait de pont.

Alors, assis sur la plage, je regarderai passer le

temps, les tempêtes et les vagues, voler les mouettes.

Le sable effacera les traces de mes pas.

Je serai perdu.

SECRET

Une source naît dans ma bouche et tu y auras bu.

Cette source où tu t'oublieras ne tarit jamais.

Elle est là pour épancher ta soif et que tu fleurisses enfin.

Alors de mes yeux d'oiseau pilleur s'échappera ce doux regard qui te couvre de brouillard et tu disparaîtras.

Comme aspirée par le creux de leur miroir.

Seul je saurai où te retrouver.

Là où tu ne serais allée seule.

Mon manteau te tiendra chaud et tu ignoreras ce que je t'ai volé.

Mon secret restera enfoui dans les profondeurs

d'une forêt où le soleil ne pénètre jamais.

Mais tu n'en sauras rien car la source où tu auras bu est celle de l'oubli.

L'EMAIL

Je regardais danser les flammes toutes nues dans les pierres noires.

Le menton fixé dans les paumes de mes mains.

Je rêvais que mes yeux pouvaient voir.

Et ils ont vu mieux que personne à travers les flammes.

Un rayon qui se pâme au loin,

Le chant curieux d'une fleur.

Que n'ai-je vu dans cet émail,

L'émail rieur des dents de femme,

Mordant mes lèvres jusqu'aux pleurs.

Jusqu'à devenir corail.

Que n'ai-je vu dans cet émail,

Par mon reflet y fus ébloui,.

Pourtant loin d'être un soleil,

Je lui découvris un cœur de miel

Où jamais ne tombait la nuit.

Alors je me suis fondu dans l'émail.

PAUVRE MUSICIEN

Pauvre pauvre musicien

Comme un sanglot ta barque glisse entre les roseaux.

Tes doigts tordus frappent frappent un clavier sourd à tes plaintes.

Un clavier à l'ivoire jaunie.

Si tu te souvenais du temps où il riait et pleurait,

Si tu te souvenais de quand tu lui parlais,

Tes bras resteraient figés en l'air comme un arbre foudroyé.

Pourtant, jamais plus tu ne fais vibrer les monuments antiques.

Ni ne berces la mer des têtes enivrées.

Tes doigts tremblants ne savent plus t'obéir.

Pauvre pauvre musicien.

Il fait un temps de chien.

Tous les drapeaux en sont déteins et ta barque

glisse, glisse entre les roseaux.

MATIN D'INSOMNIE

Une étoile, un ciel grand comme une carte à jouer, et puis autour de la nuit, les murs de la chambre où je suis; dans la tache blanche des draps, dans l'odeur douce d'une tiédeur endormie.

Que faudra-t-il dire demain ?

Quand le jour nous libèrera, que faudra-t-il faire de mes mains et de cette nuit mal dormie, de cette dernière nuit car au matin j'aurai oublié.

Mi femme mi démon mais pareil à un dieu, j'ai vu un ange blanc, au matin, mais comme un pantin, avec dans les cheveux de grandes boucles d'or.

Ses yeux noirs sans étoiles étaient remplis d'un ciel d'hiver.

Oh quel voile affreux se tendait là sur tous nos jeux.

Et de leur feu aucune braise où me réchauffer.

Un ange blanc, comme un pantin, une fumée de paille et puis plus rien.

Mais assez pour m'y brûler les mains.

PREMONITION

Ah ! avec un peu de haine, piller les bourgeois pour du pain, ou voler la nuit les fruits des vergers.

Mais non, le jeu me lasse et je laisse passer les marchands sans lever l'arme.

Je compte les heures sur les doigts de mes mains, pourquoi ? je n'en sais rien.

J'ai même jeté mes bagues, devenues un trésor perdu et des ronds dans l'eau.

Car chaque nuit je fais l'étrange rêve du message que m'envoie le ciel. Inscrit sur l'empennage d'une flèche se rapprochant.

Et chaque jour je l'attends.

Il était un regard très pâle,

Un sourire perdu dans les étoiles.

Rien de terrible dans ce géant,

Rien pour arrêter le vent.

La lune luisait sur son armure

Et la pluie lavait sa figure

Peinte d'argile et de sang.

Il serrait une flèche

Fichée en son flanc

Racontèrent les braves gens.

Mais rien d'un message

Inscrit sur l'empennage.

ILLUSIONS PERDUES

Les îles échappées de mes pas, comme des perles se vidant d'un collier brisé, s'éparpillent et je ne peux y retourner.

Alors que l'éternité me tutoie elles disparaissent pareilles à de vieux rêves.

Raison qui perd la raison, sans toi je verrais l'espérance dans mon dos, et non ce mur à l'horizon.

Ce mur de toute part, ce rempart.

Je n'ose faire un pas. J'appelle mais rien ne vient, aucune perle ne surnage où poser le pied .

Alors j'avance un peu plus; sans espoir de retour vers les îles fugitives de mes pas.

Avec l'espoir de découvrir un absolu, une terre ferme.

Alors j'avance un peu plus vers ce rempart cernant mes illusions.

QUI ES-TU ?

Au fond d'une forêt tu étais cette ancestrale déesse au temple envahi de lianes épaisses et que j'ai caressée. La marque de mes doigts court-elle toujours sur la mousse légère bordant ton front de marbre ?

Dans une vallée brûlante tu dormais au creux d'un rocher, toi qui me désaltéras.

Le goût de la source murmurant en ton corps estompé m'est resté dans la gorge.

Mais qui es-tu ? Toi qui partout me poursuis et que je retrouve à l'infini.

Endormie sans vie lorsque je te surprends et que jamais je n'oublie.

PAUVRE VAGABOND

M'allonger sur le sable chaud par un soir d'été, écouter battre les étoiles sur les vagues, allumer une cigarette dans la nuit et la regarder se consumer.

Comme elle, m'évader en fumée vers les étoiles; vite ! Que rougeoie mon corps abouché à la Gitane !

Ô ! Le bonheur simple de monter au ciel en laissant là tous mes tracas.

Mais voilà qu'il pleut sur la Gitane et mon corps qui rougeoient. Voilà que les étoiles se noient au fond de mes yeux trempés.

J'espère un toit, mon dos ruisselle et mes pieds barbotent, je cherche une cheminée où me diriger mais point d'auberge au loin.

Tout mon royaume pour une flambée !

Déclame alors le malheureux vagabond.

ESPOIR

Qu'est-ce qui nous empêche un matin, d'aller vers les sables du Sahara; sans se presser à l'allure de ces bœufs que l'on rentre à l'étable le soir ?

Ce sont les ombres du présent qui longent les trottoirs de la ville humide au lever du jour, quand le monde dort encore.

Les chiens aux yeux perçants qui rongent leur os, car ils n'en ont qu'un, en gardant les ponts du pays des morts.

Et les autres qui cherchent un os au delà du pays des morts ? Ils le trouveront peut-être, ils sont si rares au pays des vivants. C'est ce qu'on dit ici, il ne faut pas le croire.

Et moi, au matin belvédère de toute une journée,

quand le rideau de la nuit éclate dans un cocorico, je m'embarque sur un bateau vagabond jusqu'au soir. Sur un bateau qui finira bien par s'échouer un jour sur quelque rivage désert.

GUERRE

Vois comment cette bohémienne de vie jette ses enfants pêle-mêle dans le cirque de la terre.

Par milliers, par millions, boulets de canon, ils roulent bondissent et rebondissent, allant de plus en plus vite.

Une ruée à éclater les cailloux, une furie qui laboure la terre.

Avec pour compagnie le bruit des armes et l'alcool par rasades.

Pourtant les lances y sont de cristal, les canons de bronze noir luisent au soleil et la route sonne sous les fers. C'est suffisant de pacotille pour en rester sous le charme jusqu'au soir, quand au fond des verres brillent des larmes qui se mêlent au sang.

Mais pas de femmes. Non, les femmes restent étrangères aux charmes de l'enfer.

REMEDE

Le grand le vrai remède:

S'enfoncer lentement dans les brumes de la

nostalgie, ayant rencontré au hasard d'une marche

un grand rocher impossible à oublier.

C'est lui qui me souffle une vague image du temps

jadis, toute étiolée de nature nouvelle, où traîne

encore un parfum de l'enfance évaporée, du temps

où j'avais volé un baiser à ma douce camarade.

C'est lui bien sûr, qui nous fit sentir la violette

abritée sous son manteau.

A présent, comme un vieillard je lui parle de ce

temps là où je m'allongeais à ses pieds et bien

souvent m'endormais dans un rêve.

Et je le sens trembler d'émotion contre mon flanc

quand je lui confie qu'il était là le temps du vrai bonheur.

Alors pourquoi ?

Pourquoi ce jour là sui-je allé écouter le ruisseau que tu me disais si près ?

Pourquoi ce jour là ai-je abandonné mes champs à travailler ?

Peut-être avais-tu les yeux si bleus qu'ils m'ont saoulé. Je ne saurais le dire mais tes dents m'ont mordu de soleil quand tu as souri et, grisé, blessé, ensorcelé et ne pouvant résister aux enivrants parfums du bonheur, j'y ai abandonné mes semences. Et le rocher trembla aussi pour ça.

CRI PRIMAL

Quand ton corps se tend au soleil ardent.

Quand coulent tes yeux à la rencontre des miens.

Et que ma main s'avance chargée de sa mitraille,

Et desserre la tenaille étouffant tes reins.

Quand tu te caches derrière les ténèbres de tes paupières.

Et que je te cache sous mon ombre chaude.

Dans ma maison qui s'endort et se couvre de givre, où le vent gratte à la porte comme un chien frénétique; apparaît un soleil laiteux nouveau-né accouché de derrière la terre engluée de sa lumière intemporelle et froide.

Dans ma raison qui se meurt au cœur d'un océan nocturne en tempête. Dans l'abîme peuplé d'algues fantomatiques où elle coule à pic et va s'étendre doucement sur le fond. Soudain, un cri fantastique jaillit de tes entrailles terrestres.

CATHEDRALE

Cette vision qui m'attire, cette grande cathédrale me forçant à y pénétrer avec, à l'intérieur, sous l'immense chapiteau de la piété, ce long défilé de saints multicolores, ce conseil tragique et muet où tous les élus portent un masque de noblesse et de beauté, un masque de cire figée, de modèle parfait.
Ce conseil tragique et muet, ces témoins de marbre glacé m'écrasant de leur certitude et ne daignant pas me regarder.
Pourtant à leurs robes mitées je reconnais que les plus grands sont de bois. Leur ferveur, toute prête à s'effondrer, s'écoule lentement par mille petits trous en mille gouttelettes de fine poussière que mes pas silencieux affolent et dispersent.

S'en vont-elles à la recherche du rare soleil maquillé qui s'infiltre à travers d'inaccessibles vitraux, où de ce dieu crucifié entre la vie et la mort et portant comme une couronne tous les maux de la terre. Cette vision de la foi, nuage de poussière attiré par la pale clarté, cette vision qui m'attire moi aussi, soudain me rend coupable d'une épine à sa couronne, coupable comme celui-là dont le nom gît, gravé sur une dalle de pierre noire. Celui-là qui dort, en signe de soumission, sous la poussière que soulèvent les pas des fidèles en procession.

MON ITALIE

Nous irons, oui nous irons en Italie et tu verras les fleurs de ce pays, de ce beau pays, car tu es bien toi la fleur de mon Italie.

Tu verras les lacs en fête, les montagnes en bel habit et les villes te sourire, à toi comme à une amie.

Tu verras danser et chanter des gens et tu me demanderas ce qui les rend si gais.

C'est l'âme de ce pays au midi du monde où les horloges sont des mandolines.

C'est l'âme de ton cœur au midi du mien qui me sourit câline.

DEPRIME

Où est-il ? Dans le fond des mers, dans le cœur des coraux étincelants, le doux murmure du vent, cet air de guitare sur lequel dansaient tes mots toujours nouveaux.

Il est parti bien loin, plus personne ne l'a entendu, parti avec des ailes d'ange dans une fumée de train, aussi simplement que coule une chanson, aussi loin que s'en va un air de guitare.

Il s'est estompé petit à petit. Car un jour tes doigts tremblaient sur les cordes. Tu ne trouvais plus de mots à leur dire et la musique s'en allait seule et triste comme s'en vont, sur l'eau, les feuilles d'automne.

Elle s'en allait tous les jours un peu plus loin et tu ne

savais pas la retenir.

Elle est partie et maintenant tu ne sais que l'attendre sans un mot.

NAUFRAGE

En haut de vagues dunes,

Se perd à fleur de lune,

Dans le vent et les étoiles,

La forme noire d'une voile.

Au fond de vagues brumes,

Se perd à ras d'écume,

Dans les remous et les reflets,

Un pauvre marin défait.

Et les galets qui roulent,

Et les éclairs qui roulent,

Me font rêver, me font peur

D'avoir perdu mon cœur.

Car j'ai regardé la tempête

Et la foudre comme une fête.

Oubliant que le pauvre marin

C'était moi déjà bien loin.

CE SOIR J'APPRENDRAI

Elle m'a dit viens, la belle dormeuse du lac, mais je ne rêvais pas.

Je suis resté planté là, comme sur un quai de gare quand le dernier train s'en va, quand nos yeux fatigués ne voient plus que ses gros yeux rouges fuyant dans la brume nocturne, quand les quelques heures échappées d'un clocher vous assomment à demi et que la nuit vous couvre de son grand manteau glacé.

Je me suis dit qu'elle était loin ta forêt romantique. Goutte à goutte, l'heure nauséeuse s'infiltrait à travers ma peau. Alors je fis un pas, puis d'autres vers le cœur de la nuit, vers ce lac des cygnes où je dois retrouver la belle dormeuse.

J'apprendrai enfin, ce soir, au bord du lac profond, pourquoi le feu qui réchauffe mon front a peur de l'eau qui berce les cygnes, pourquoi le feu qui brûle mon front a peur de la belle endormie qui m'attend où se mire la lune.

AMERIQUE

Amérique j'aurais voulu te toucher.

Sur les ailes d'un voilier, m'envoler vers toi.

Amérique trouver ce que cache ton nom électrique.

On dit des cactus et des rochers mais aussi de grandes cités atomiques, cosmiques, fatidiques.

Amérique je voudrais te parler, mais que te dire que tu ne sais déjà !

Et le bon et le mauvais qui te font la guerre, qui te font la cour me traiteraient de charlatan, me diraient : va-t'en la vieille Amérique a besoin d'un médecin pas d'un saint.

POUR TOI

Pour toi qui vis de mes lèvres et de mon sang, qui m'offres ton front, qui m'ouvres tes bras. Pour toi qui gardes le regard sur moi, je veux dresser un mur, un château, une citadelle où ton amour s'éternisera. Et quand tu demanderas ce qu'est la gloire ou la haine, quand tu me parleras de ces mots trop parfaits, alors j'irai cueillir pour toi de belles fleurs que tu serreras sur ton cœur. Et tu comprendras tout que je ne pourrai te dire.

Et un jour, de nos mains joueuses, nous marquerons sur la porte en lettre macabres : maison hantée ! Et nos rires de fous enfuiront les curieux.

LA FIN DU GUERRIER

Dans ce nuage de sable rouge rempli de cris et d'éclairs, de sabres au clair et de flèches rapides, dans ce torrent au galop où les chevaux piétinent la mort, où les hommes brisent le fer, dans ce chaos inondé de sang et de feu, de rage crachant sa misère en colère, j'étais un soldat au casque sanglant couronné de terre, un soldat sur qui planait un ange blanc.

Fuse de mes yeux la vision étrange d'un visage d'ange embrassant l'embrasure noire de la fenêtre de ma visière. Un ange que je n'attendais pas et qui ordonna: serre bien mon aile nous allons monter si haut très loin de ce carnage mortel, jusqu'en haut de cette montagne céleste. N'est-ce pas qu'elle est belle et pure ta montagne, comme le monde que tu voulais, haute de tous ceux qui t'ont précédé. Tu y rumineras à mourir tes déboires le temps que tes os blanchis y déposent leur pierre pour l'éternité. Adieu va !

LE CANDIDE

Au gré du vent je vais, je viens, je suis en balancement, je suis le mouvement. Les oiseaux chantent dans les arbres. Plus haut les étoiles brillent de mille feux et sur terre, semblables à elles, les ampoules clignotent sur les routes. Loin de moi les soucis d'ici bas, je suis perdu au milieu de la cohue où l'on cherche ce que l'on ne trouve pas ici bas. Là haut le très haut nous regarde tantôt plié tantôt navré mais jamais désolé. Je voudrais que ce soit vrai ! Comme je le voudrais !

Candide aux grands yeux ton corps est plus d'eau claire que de chair. Dans le ciel bleu de ton âme sans nuage tu rodes perdu, fumée de cigarette à la recherche de quelque bruissement d'air. Tu as la

terre au creux de tes mains et au fond de leur misère

les hommes savent que le destin est ton père et

toutes les mères au cœur amer voudraient que tu

sois leur fils.

MA SAMBA

Qu'elle est belle ma samba

Couleur de café elle sent le Brésil

Qu'elle serre dans ses bras

Elle danse pour oublier l'exil

Son corps est une flamme

Qui s'enroule et se déroule

Autour de son corps de femme

Ma samba quand elle danse

C'est un vin léger comme une brise

Qui tout doucement vous saoule

Rougit votre front vous fait une bise

Ma samba quand elle danse

PRIERE D'ESPOIR

L'espoir, c'est la course d'une flamme fuyant au cœur de la forêt, disparaissant derrière chaque arbre pour rejaillir comme un boulet au loin, si loin, comme un mirage. Quel long voyage a-t-elle entrepris ?

Dans la surprise de son passage elle étonne réveille le rêve et nous mure dans notre désarroi. Puis nous laisse bien seuls avec nos yeux teintés d'agonie.

Mais nous avons fait des vœux ! Nous serons sauvés si nous les tenons, ils envoleront nos grandes capes à l'air pur du matin. La rosée des fossés trempera nos pieds mais il faudra s'y rouler pour devenir couleur de terre et se rincer à la pluie et se sécher au soleil et mourir en hiver.

Alors nous nous promettons et pleurons tard dans la nuit.

Demain, enfouis dans de sombres capes nous irons prier à l'église puisqu'il sera Dimanche.

AL CANTARA

Al Cantara c'est une femme aux yeux d'or.

Dans la plénitude des sables elle s'endort.

Pour qui vont ces lentes caravanes chargées de tapis ?

A travers les buissons brûlés où les guide leur fierté ?

Al Cantara bercée par les vents chauds, c'est une femme aux yeux d'or.

Elle sommeille à l'ombre fraîche de ses paupières.

Aérienne entre ciel et sable, elle apparaît fleur d'arc en ciel aux voyageurs du désert.

Al Cantara c'est une page de neige posée là par les vents, hors de la catapulte du temps pour nous prendre à son piège.

LE LOUP

Dans la peau d'un loup je suis arrivé chez vous.

Chez vous qui étiez endormie et ne m'avez rien dit.

Dans ma peau de loup je vous ai réveillée, ô

sommeil si léger, d'une caresse sur la joue.

Vous avez cru un rêve, vous êtes lancée à mon cou,

avez embrassé ma peau de loup.

Mes entrailles nouées autour de vous je vous ai

aimée comme un loup.

Par quelques caresses, dans la nuit vous aviez jeté

ma peau de loup et en aviez fait un tapis à vos pieds.

Je me suis réveillé en détresse, j'étais tout nu et vos

dents très pointues, j'étais foutu et vous m'avez

dévoré tout cru.

REMORDS

Qu'ils sont tristes les jours sans toi,

Les jours ronds où je ne sais que faire,

Où je cours comme autour d'un cratère

En ayant cru entendre ta voix.

Ta voix me souffler un mot d'oubli,

Ta voix me chuchoter un mot d'amour.

Et voir tes yeux pleins de mystères toujours.

Dans tous les yeux où je surprends la vie,

Dans tous les yeux me souriant.

Mais je n'y trouve qu'un océan amer,

Que l'ombre de ta lumière.

Sont-ils tristes les rivages sauvages de l'océan.

Sont-ils tristes en hiver quand les vagues enragées

Crachent à la figure des rochers

Toute leur rancune de femmes abandonnées.

LA BRUNE PATIENCE

Sous un voile de rosée dormait, dormait la brune ramassée.

L'attente lente, ennemie des envies et venue du fin fond de l'oubli,

Nous a faits chavirer, trépigner, puis nous a endormis, ensorcelés.

Encore un peu, c'est beaucoup trop, il faudra la réveiller, la tuer.

Et fuir en vitesse, manger à cheval, quitte à la pleurer à jamais.

Mais sous un voile de clarté se réveillait enfin la brune élancée.

COQUELICOTS

A perte de vue un champ de coquelicots. Devant, derrière à droite et à gauche des milliers de tâches rouges me brouillent la vue; fleurs de sang cueillies sous les braises.

Les chemins de la terre ne mènent pas bien loin. Ils me perdront un jour sans que je sache jamais pourquoi.

A perte de vue un champ de coquelicots ensorcelés. Je ne retrouverai jamais la source aux nymphes, fleurs de chair cueillies dans les montagnes d'hier.

Les chemins de l'amour mènent bien plus loin que tous les chemins de la terre.

Ils me perdront un jour mais je saurai très bien pourquoi.

MON ANNIE

Les rivières de seize ans sont bien vides. Le grand soleil a dû les assécher et le petit bouc échevelé s'en est allé beaucoup plus loin, sur ses durs sabots ne touchant pas terre, chercher peut-être les belles herbes qu'il aimait.

Que ferai-je demain moi qui ai trouvé l'amour ? Nous jouerons tous les deux dans ton jardin puis nous partirons comme le font les trains, pour être de retour au lever du jour. Ou bien resterons-nous là !

Ô l'envol tumultueux dans ma tête d'oiseau qui chancelle sous le soleil déjà haut dans mon dos.

Ô l'envol tumultueux de toutes mes craintes. Je ne serai donc jamais vieux !

Dans mes prunelles occultes brillent les feux de toutes nos nuits. Et sur le front blanc de ma vague vie, le temps grave mes souvenirs.

Mon Annie, mon Annie, je fredonne ton nom dans la nuit et je suis bien, il me sourit.

Du même auteur :

The cosmonaut 'traduit du cosmonaute)   2014

Le cosmonaute   2013

Carnet de voyage : Les Sahraouis   2009/2011

Les processus d'élimination sélective   2008/2012

Camille ou l'émancipation d'un ange   2007

Poèmes épisodiques   2005

P….. d'histoire   2004

Le syndrome d'Antigone   2002

L'absolution selon saint François   1999

Contacts : editionswalou@sfr.fr

www.ingramcontent.com/pod-product-compliance
Lightning Source LLC
Chambersburg PA
CBHW031353040426
42444CB00005B/274